Mosaik
bei GOLDMANN

Buch

Einfühlsam und prägnant zugleich erklärt John Gray die vielfältigen Eigenschaften der Frauen. Dieses Buch ist ein Wegweiser für jeden Mann zum besseren Verstehen des weiblichen Wesens. So schafft er es, die Frau in seinem Leben immer wieder zu überraschen und ihr das Gefühl zu vermitteln, bewundert und geliebt zu werden.

Autor

Dr. John Gray widmet sich seit mehr als zwanzig Jahren in Seminaren und Vorträgen dem Thema Kommunikation zwischen Mann und Frau. Der international bekannte Paar- und Familientherapeut lebt mit seiner Frau und seinen drei Kindern in Mill Valley, Kalifornien.

Von John Gray außerdem bei Mosaik bei Goldmann:

Männer sind anders. Frauen auch. (16107)
Mars, Venus & Eros (16126)
Mars, Venus & Partnerschaft (16134)
auseinander geliebt (14114)
Mars liebt Venus. Venus liebt Mars. (16167)
Jeden Tag mehr Liebe (16245)
Mars & Venus (16194, 16400)
Männer sind vom Mars (16403)
Mars sucht Venus. Venus sucht Mars (16387)
Mars und Venus neu verliebt (16501)
Leidenschaft lebendig halten (16411)

JOHN GRAY

Frauen sind von der Venus

So verstehen Sie die Frau
in Ihrem Leben

Aus dem Amerikanischen
von Eva Kornbichler

Mosaik
bei GOLDMANN

Umwelthinweis:
Alle bedruckten Materialien dieses Taschenbuches
sind chlorfrei und umweltschonend.

Deutsche Erstausgabe Mai 2000
© 2000 der deutschsprachigen Ausgabe
Wilhelm Goldmann Verlag, München,
ein Unternehmen der Verlagsgruppe Random House GmbH
© 1992 John Gray
Originalverlag: Thorsons, HarperCollins*Publishers*, London
Originaltitel: Women Are From Venus
Umschlaggestaltung: Design Team München
unter Verwendung folgender Fotos:
ZEFA/SIS/Roxana Villa
Zeichnungen: Petra Dorkenwald
Satz: Barbara Rabus, Sonthofen
Druck: GGP Media, Pößneck
Verlagsnummer: 16405
Kö · Herstellung: Max Widmaier
Printed in Germany
ISBN 3-442-16405-2

3   5   7   9   10   8   6   4

Inhalt

Eine Beziehung hält viele Prüfungen
für uns bereit. Wenn wir diese
bestehen, können wir in Liebe
zusammenwachsen.

Eine Beziehung ist wie ein
Garten: sie muss jeden Tag
gepflegt werden, damit sie
wächst und gedeiht.

Stellen Sie sich Folgendes vor:
Männer kommen vom Mars und
Frauen von der Venus.
Vor langer Zeit entdeckten die
Marsianer eines Tages durch ihre
Teleskope die Venusierinnen.
Sie verliebten sich, bauten
schnell Raumschiffe und flogen
zur Venus, wo sie von den
Venusierinnen mit offenen
Armen empfangen wurden. Die
Liebe zwischen Venusierinnen
und Marsianern war wie ein
Wunder.

Sie kamen aus verschiedenen Welten,
aber sie fanden Gefallen an ihren
gegenseitigen Unterschieden und
verbrachten Monate damit, sich
mit all ihren verschiedenartigen
Bedürfnissen kennen und
schätzen zu lernen.
Dann entschieden sie sich, zur
Erde zu fliegen. Dort aber
vergaßen sie, dass sie von
verschiedenen Planeten
stammten. Seither leben Männer
und Frauen im Konflikt
miteinander.

Das Leben auf der Venus

Auf der Venus studiert jede Frau
Psychologie und hat es darin zu
höheren Weihen gebracht.

Frauen engagieren sich stärker
für die Entwicklung der
Persönlichkeit, für geistige
Belange und alles, was gut ist für
Leben, Gesundheit und
Weiterentwicklung.

*Venusierinnen sind
sehr intuitiv.*

Das Bedürfnis, sich als etwas Besonderes zu fühlen

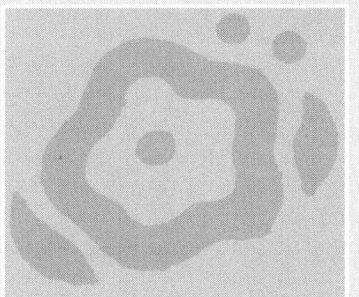

Frauen sind romantisch. Blumen,
kleine Geschenke und spontane
Bekundungen der Zuneigung
machen sie glücklich.

Wenn ein Mann einer
Frau Blumen schenkt oder
Liebesbriefe schreibt, gibt er ihr
das Gefühl, etwas Besonderes
zu sein.

Es sind Zeichen der Liebe, die ihr das Gefühl geben, schön und eine wahre Frau zu sein.

Wenn ein Mann in einer Beziehung die Romantik lebendig erhält, fühlt sich die Frau geliebt und besinnt sich darauf, nicht immer nur zu geben.

Für einen Mann ist Anerkennung
lebenswichtig, deshalb sollte die
Frau es bemerken, wenn er etwas
für sie tut, und ihm dafür danken.

Männer zeigen ihre Liebe oft
auf eine andere Art als Frauen.
Einer Frau fällt es schwer zu
glauben, dass ein Mann sie
wirklich liebt, auch wenn er
ihren Geburtstag vergisst.

Es motiviert eine Frau und gibt ihr Kraft, wenn sie sich geliebt fühlt.

Einer Frau wird es niemals zu viel, von ihrem Mann ein »Ich liebe dich« zu hören. Sie braucht das, um seine Liebe zu spüren.

Eine Frau möchte immer wieder
hören, dass er sie liebt. Leider
meinen viele Männer, dass, wenn
sie sich für die Beziehung zu ihr
einmal entschieden haben und
mit ihr leben, dies bereits
ausreichend ihre Liebe beweist.

*Um ein Bedürfnis nach Sex zu
entwickeln, muss eine Frau erst
das Gefühl haben, dass er sie
zärtlich und romantisch liebt.*

Für Frauen ist Flirten wie ein
Einkaufsbummel, bei dem sie
entscheidet, ob ihr etwas gefällt
oder nicht. Wenn sie flirtet, sagt
sie damit »Was ich da so sehe,
gefällt mir. Du könntest der
Richtige sein, der mich glücklich
machen kann.«

*Eine Frau muss sich erst
emotional und geistig angezogen
fühlen, bevor sie körperliche
Anziehungskraft empfindet.*

Eine Frau liebt es, wenn ein
Mann sie berühren oder ihre
Hand halten möchte.

Sie fühlt sich nicht geliebt, wenn er nur dann solche Berührungen sucht, wenn er auf Sex aus ist.

Ein Mann sollte auf die kleinen romantischen Details achten, die einer Frau gefallen und sie von dem Druck befreien, immer für andere da sein zu müssen. Dann erst kann sie sich öffnen und sich ihres sexuellen Verlangens bewusst werden.

Eine Frau kann sich ebenso sehr wie
ein Mann nach Sex sehnen. Nur
braucht sie zuerst das Bewusstsein
einer erfüllten Liebe, bevor sie ein
starkes Verlangen nach Sex
empfinden kann.

Ein Mann sollte wissen, dass
eine Frau, wenn sie sich nicht
sicher ist, ob sie Sex will, etwas
Zeit, Aufmerksamkeit und
zärtliche Zuwendung braucht. Ist
ihm das erst einmal klar, hilft ihm
dies, sich durch ihre Reaktion nicht
zurückgewiesen zu fühlen.

Der Orgasmus ist für eine Frau beim Sex nicht das höchste Ziel. Die Intimität, Leidenschaft und Zuneigung bedeuten ihr ebenso viel.

Moderne Frauen wünschen sich Partnerschaft in einer Beziehung. Sie wollen nicht »die Hosen anhaben«. Von passiven und unterwürfigen Männern fühlen sie sich daher eher abgestoßen.

Eine Frau kann Anstoß zu einer
Beziehung geben, indem sie ihm mit
einem einzigen, kurzen Blick sagt:
»Du könntest der Richtige für
mich sein.« Auf diese subtile Art
motiviert sie tatsächlich den
Mann, einen Versuch zu wagen.

Besteht die Beziehung dann,
vergessen Frauen manchmal, wie
wichtig es ist, ihm diese Botschaft
immer wieder aufs Neue zu
vermitteln.

Wenn eine Frau fühlt, dass der Mann
ihr vertrauensvoll begegnet, ist sie
beruhigt. Dann kann sie sich in
dem Wissen entspannen, dass auch
ihre Bedürfnisse erfüllt werden.
Wenn sie spürt, sie ist im Leben
eines Mannes die Nr. 1, neigt sie
ihrerseits dazu, ihn als etwas
Besonderes zu bewundern.

*Eine Frau ist glücklich, wenn
sie sich bewundert fühlt.*

Wenn sie
sich aussprechen
möchte

Nach einem anstrengenden oder
nervenaufreibenden Tag ist es für
eine Frau eine große Erleichterung,
einen Vertrauten zu haben, dem
sie alles erzählen kann.

Eine Frau unterscheidet nicht
zwischen wichtigen und
unwichtigen, großen und kleinen
Problemen. Wenn sie sich ärgert,
dann über alle Probleme
gleichermaßen.

Eine Frau fühlt sich besser, wenn sie
über vergangene, zukünftige,
mögliche und sogar über unlösbare
Probleme sprechen kann.

*Je mehr eine Frau
aussprechen kann, was ihr
auf dem Herzen liegt, desto
besser fühlt sie sich.*

Eine Frau fühlt sich wohl in ihrer
Haut, wenn sie gute Freunde hat,
mit denen sie ihre Gefühle und
Probleme teilen kann.

*Eine Frau erwartet von einem
Mann, dass er sich öffnet und
über seine Probleme spricht,
so, wie sie.*

Aber ein Mann spricht nicht auf diese
Weise über seine Probleme, und
manchmal macht sie ihm dann
Vorwürfe, weil er sich nicht
stärker öffnet.

Eine Frau schämt sich ihrer
Probleme nicht. Für ihr Ego ist
es nicht wichtig, wie ein Mann
Leistungsbereitschaft zu zeigen,
sondern liebevolle Beziehungen
zu pflegen.

Besser kommunizieren

Eine Frau wird nur dann schweigsam,
wenn es Schmerz bereitet, was sie zu
sagen hätte, oder wenn sie zu
einem Mann kein Vertrauen
mehr hat.

*Wenn ein Mann schweigsam
ist, befürchtet eine Frau schnell
das Schlimmste.*

Gute Kommunikation ist für eine
Frau lebenswichtig. Ohne diesen
funktionierenden Austausch fällt es
ihr schwer, Liebe und Zärtlichkeit
zu empfinden.

Eine Frau muss kommunizieren,
um ihre Gefühle zu erkennen,
ihre Gedanken zu ordnen und
sich darüber klar zu werden,
was sie will.

Männern ist oft nicht klar, dass eine
emotionsgeladene Frau keineswegs
verworren denkt. Denn sie äußert
beim Sprechen noch keine festen
Meinungen, sondern erforscht
ihre Gefühle.

*Wenn eine Frau kommuniziert,
teilt sie nicht einfach
Informationen mit, sondern
auch sich selbst.*

Die Gefühle einer Frau sagen weniger aus über die Außenwelt als vielmehr darüber, wie sie die Außenwelt erlebt.

Ein Mann muss verstehen, dass eine Frau, die über ihre Gefühle spricht, diese Gefühle nicht als feststehende Tatsache begreift. Er sollte keinen Streit beginnen oder sich in die Defensive zurückziehen.

Eine Frau entscheidet über ihr
weiteres Verhalten, indem sie über
ihre Gefühle laut nachdenkt. Wenn
sie spricht, will sie nicht
unbedingt Recht behalten.

Wenn eine Frau etwas erzählt,
lässt sie manches gern in der
Schwebe, um so den Bericht um
Gefühle zu bereichern. Andere
Frauen mögen diese Art. Männer
hingegen bevorzugen es, zur
Sache zu kommen und die
wesentlichen Fakten zu erfahren.

Um ihre Gefühle voll zum
Ausdruck zu bringen, werden
Frauen gern poetisch, verwenden
Superlative, Metaphern und
Verallgemeinerungen.

Wenn eine Frau ein Problem
hat, muss sie klar machen, dass
sie keine Lösung hören will.
Dann fällt es dem Mann leichter,
vom »Hilfemodus« in den
»Zuhörmodus« umzuschalten.

Wenn ein Mann auf die
Probleme einer Frau mit
Sympathiebekundungen und nicht
mit fertigen Lösungsvorschlägen
reagiert, fühlt sie sich geliebt
und umsorgt.

Frauen fühlen sich umsorgt,
wenn ein Mann das Gespräch
beginnt. Es zeigt ihr, dass er sich
dafür interessiert, was sie
mitzuteilen hat, und dass sie nicht
fürchten muss, ihn zu langweilen.

Ein Mann sollte einer Frau gut
zwanzig Minuten lang seine
ungeteilte, echte Aufmerksamkeit
schenken und nicht beim Zuhören
Zeitung lesen oder sich von
anderen Dingen ablenken lassen.

Wenn ein Mann beunruhigt
oder verärgert ist, nimmt eine
Frau leicht an, er würde sich
besser fühlen, wenn sie viele
Fragen stellt und ihn ermuntert,
ihr alles zu erzählen. Aber das ist
ein Irrtum.

Wenn eine Frau jemandem zuhört,
bekundet sie ihm immer wieder
ihr Verständnis. Instinktiv möchte
sie anderen auf die gleiche
Art helfen, wie sie selbst
sich Hilfe wünscht.

Um die Basis für eine gute
Verständigung zu schaffen, sollte ein
Mann seine Partnerin manchmal
mit der Hand berühren. Er sollte
Interesse daran zeigen, wie sie
den Tag verbringt, welche
Bücher sie liest und mit welchen
Leuten sie zu tun hat. Wenn
sie ihm etwas erzählt, sollte
er ihr sein Interesse mit
zustimmendem Gemurmel
wie »aha«, »soso« oder
»mhmm« bekunden.

Arbeit und Stress

Frauen reagieren anders auf Stress
als Männer. Eine Frau hat dann
das Bedürfnis nach Nähe und
Verständnis, während ein Mann
hingegen häufig lieber allein
sein möchte.

Wenn eine Frau unter
Stress steht, hat sie oft das
Gefühl, unter ihrer Last
zusammenzubrechen und das
alles nicht mehr zu schaffen.

Bei der Arbeit geben Frauen ebenso
viel wie Männer. Im Unterschied zu
diesen endet das Geben aber nicht,
wenn sie nach Hause kommen.

Die meisten Frauen empfinden
ihr Heim als Zufluchtsort vor der
Außenwelt. Deswegen können sie
selbst nach einem harten Tag erst
ausruhen und entspannen, wenn
sie ihr Zuhause in Ordnung
gebracht haben.

Am Arbeitsplatz schiebt die Frau ihre
emotionalen Bedürfnisse beiseite.
Wenn sie dann nach Hause kommt,
braucht sie die liebevolle
Zuwendung ihres Partners.

Am Arbeitsplatz verhält sich
eine Frau zielstrebig. Indem sie
zu Hause nicht zielorientiert sein
muss, kann sie ihre weibliche
Seite pflegen.

Ein Mann glaubt oft irrtümlich, seine
Partnerin sei glücklicher, wenn sie
als Paar finanziell endlich besser
abgesichert sind. In Wirklichkeit
treten bei ihr, sobald die
materiellen Bedürfnisse
befriedigt sind, die emotionalen
Bedürfnisse stärker zutage.

Ihr Gefühlsleben

Eine Frau mag es nicht, wenn ein
Mann mehr Distanziertheit von ihr
erwartet. Es gibt ihr das Gefühl, es
sei falsch oder eine Schwäche,
Gefühle zu empfinden.

Fragt eine Frau einen Mann
nach seinen Angelegenheiten,
dann mag sie es nicht, wenn er
herablassend darauf reagiert.
Das gibt ihr das Gefühl, ihm
lästig zu fallen oder seine Zeit zu
verschwenden.

Eine Frau mag es nicht, wenn ein
Mann laut oder rechthaberisch wird.
Das gibt ihr das Gefühl, dass sie im
Unrecht und ihr Standpunkt ihm
gleichgültig ist.

Wenn eine Frau durch
mangelnde Kommunikation
frustriert ist, glaubt sie oft, der
einzige Weg, sich Gehör zu
verschaffen, sei es, Widerspruch
zu äußern.

Eine Frau ist sich der Bedürfnisse und
Probleme in einer Beziehung eher
bewusst als ein Mann. Der Mann
verhält sich oft so, als sei alles
bestens, und vermittelt so der
Frau das Gefühl, sie verlange
zu viel und er wolle gar
nichts ändern.

Bei Problemen oder Konflikten
fühlt sich häufig die Frau
verantwortlich und schuldig und
grübelt, was sie hätte anders
machen können, um eine andere
Situation zu schaffen.

Es gibt kaum Schlimmeres für eine
Frau als ein negatives Selbstbild. Sie
zweifelt an ihrer Fähigkeit, ihr
Leben selbst in die Hand zu
nehmen und mehr daraus zu
machen.

Sich um andere zu sorgen ist
eine Art, wie eine Frau ihre
Liebe ausdrückt. Sie findet es
einfach nicht richtig, selbst
fröhlich zu sein, wenn der
Mensch, den sie liebt, Kummer hat.

Meistens provoziert eine Frau
ungewollt einen Streit, indem sie
rhetorische Fragen stellt und damit
den Anschein von Missbilligung
erweckt.

Eine Frau sagt manchmal
»Das tut mir Leid« und will
sich damit nicht für einen
Fehler entschuldigen, sondern
zu verstehen geben: »Ich
fühle mit dir.«

Manchmal versucht eine Frau,
schmerzlichen Gefühlen wie Ärger,
Schuld, Angst oder Enttäuschung
auszuweichen, indem sie sich sorgt
und kümmert.

Eine Frau überdeckt manchmal
mit einem Wust positiver
Gefühle wie Hoffnung und
Fröhlichkeit ihre
schmerzlicheren Gefühle.

Ihr Schmerz
ist nicht immer
sein Fehler

Eine Frau ist wie eine Welle.
Wenn sie sich geliebt fühlt, wogt
ihr Selbstwertgefühl wie eine
Welle empor.

Ihr Selbstbild kann sich plötzlich
ändern, und die Welle sackt nach
unten. Dieses Absacken dauert
aber nur kurz, denn wenn sie
gefühlsmäßig ganz am Boden ist,
schlägt ihr Selbstwertgefühl
wieder um und ihre Welle
beginnt, wieder emporzusteigen.

Wenn die Welle einer Frau im
Emporsteigen ist, hat sie viel Liebe
zu geben.

Wenn die Welle absinkt, fühlt sie
innere Leere und hat das
Bedürfnis, Liebe zu empfangen.

Wenn sie ganz am Boden ist, ist
ein emotionaler Hausputz fällig.

Ein Mann sollte immer daran denken,
dass eine Frau sich besser fühlt,
wenn sie ihren Ärger oder Schmerz
herauslassen kann.

Wenn eine Frau ärgerlich
oder wütend wird, heißt das
nicht unbedingt, dass sie die
Schuld bei ihm sucht.

Das Letzte, was eine Frau hören
möchte, wenn sie einem Gefühlstief
entgegenstrebt, ist ein vernünftiges
Argument, warum sie nicht
niedergeschlagen zu sein braucht.

Wenn eine Frau unter
schmerzvollen Gefühlen leidet,
sieht sie manchmal sogar
verstandesmäßig ein, dass sie das
nicht sollte. Das ändert aber
nichts an ihren Gefühlen – sie
muss da einfach hindurch.

Wenn ihre Gefühle verletzt sind,
sollte der Mann ihr sein Mitgefühl
zeigen, indem er zum Beispiel sagt
»Es tut mir Leid, dass dir das
weh tut«. Dann sollte er ihr
sein Verständnis ohne weitere
Worte beweisen.

*Es ist ein Fehler, Erklärungen
abzugeben, warum ihr
Gefühlsschmerz nicht
seine Schuld ist.*

Eine Frau zieht sich zurück, wenn sie
einem anderen nicht zutraut, ihre
verletzten Gefühle zu verstehen,
oder wenn jemand etwas Falsches
getan und sie enttäuscht hat.

Wenn eine Frau sich erst einmal
zurückgezogen hat, braucht es
eine gewisse Zeit, um die Nähe
und Vertrautheit wieder
herzustellen.

Wenn eine Frau Vertrauen fasst, wird
sie offener und empfänglicher. Je
mehr ihr Bedürfnis nach einem
verständnisvollen Zuhörer erfüllt
wird, desto leichter kann sie
ihrem Partner die Anerkennung
schenken, die er braucht.

Wenn sie sich zurückgewiesen fühlt

Wenn eine Frau ihr Leben lang
Zurückweisung erfahren musste,
sollte sich der Mann bewusst sein,
dass sie größere Ängste hegt,
verlassen zu werden.

Frauen fühlen sich verunsichert,
wenn ein Mann sich zurückzieht.
Sie braucht die Gewissheit, dass
er »zurückkommt«. Schon Worte
wie »Lass uns später darüber
reden« sind ihr dann eine
Beruhigung.

Zurückweisungen, Verurteilungen
und das Gefühl, im Stich gelassen zu
werden, bereiten manchen Frauen
dann besonders großen Schmerz,
wenn sie in ihrem tiefsten
Inneren unbewusst glauben,
dass sie es nicht verdienen,
mehr zu bekommen.

Frauen stellen sich selbst
manchmal als perfekt hin in dem
Versuch, sich selbst davon zu
überzeugen, dass sie es wert sind,
geliebt zu werden.

Frauen sind besonders anfällig für den negativen und gänzlich falschen Gedanken, es nicht zu verdienen, geliebt zu werden. In der Befürchtung, dass ihnen ohnehin niemand hilft, weisen sie unwissentlich die nötige Hilfe zurück.

Manchmal übernimmt eine Frau lieber die Schuld und Verantwortung für alles, was den Mann ärgert, als zu streiten. Auf Dauer verliert sie sich dadurch selbst.

Um sich in einer Auseinandersetzung nicht verletzt zu fühlen, setzt eine Frau manchmal ein Lächeln auf und tut, als mache ihr das Ganze nichts aus.

Manchmal macht sie sogar sich selbst etwas vor und glaubt, alles sei gut so. Dabei opfert sie ihre eigenen Wünsche.

Der Versuch, ihn zu ändern

Eine Frau muss sich darüber klar sein,
dass ein Mann sich kontrolliert,
manipuliert und somit ungeliebt
fühlt, wenn sie versucht, ihn
zu ändern.

Eine Frau neigt von Natur aus
dazu, sich ganz bewusst ändern
zu wollen. Versucht sie aber,
einen Mann zu ändern, wehrt er
sich dagegen und weist sie
womöglich zurück.

Wenn ein Mann sich weigert, sich zu
ändern, vermutet eine Frau, er
würde sie nicht stark genug lieben.
Er seinerseits hat das Gefühl, dass
sie ihn nicht stark genug liebt.

Als Zeichen großer Liebe
empfindet es eine Frau, wenn
der Mann ihr von sich aus seine
Hilfe anbietet. Auch konstruktive
Kritik ist ein Zeichen von Liebe.

Eine Frau glaubt fest daran, wenn
etwas funktioniert, dass es immer
noch besser funktionieren kann.

*Es liegt in ihrer Natur, alles
noch verbessern zu wollen.*

Wenn ein Mann die Vorschläge
einer Frau ablehnt, hat sie das
Gefühl, sie sei ihm gleichgültig
und er respektiere sie nicht.

Eine Frau kann einen Mann
ungewollt in Rage bringen, indem
sie ihm arglos überflüssige
Ratschläge gibt, wie zum Beispiel:
»Leg das nicht dort hin, da geht's
nur verloren.«
»Ruf lieber einen Handwerker,
der kann das sicher reparieren.«
»Warum müssen wir auf einen
Tisch warten? Hast du keinen
reservieren lassen?«
»Du fährst zu schnell. Fahr
langsamer, sonst kriegst du
einen Strafzettel.«

Die Bedürfnisse
einer Frau

*Viele Frauen unterdrücken
ihre Bedürfnisse aus Angst,
unbefriedigt zu erscheinen.*

Auch wenn eine Frau meint, ihre
Bedürfnisse würden ohnehin
nicht berücksichtigt werden, ist
es ein großer Fehler, wenn sie
diese gar nicht mehr äußert und
alles selbst erledigt.

Es ist wichtig für eine Frau zu lernen,
ihre Wünsche und Bedürfnisse nicht
in Ansprüche oder Vorwürfe zu
verpacken.

Viele Frauen sind in einer
Beziehung viel zu sehr die
Gebenden. Wenn sie das
erkennen, verschließen sie sich
dem Mann gegenüber und
geben ihm keine Chance,
sich zu ändern.

Eine Frau braucht den sicheren
Glauben, dass sie die Liebe verdient.
Sobald sie das erkennt, kann sie
ihrem Partner die Tür öffnen, um
ihr mehr zu geben und sie stärker
zu lieben.

Viele Frauen von heute sind es
leid, immer Liebe zu geben und
sie nicht auch zu empfangen.
Sie brauchen eine »Auszeit«, um
sich selbst wiederzufinden und
auszuleben.

In ihrer Jugend ist eine Frau noch viel
mehr dazu bereit, sich selbst zu
opfern und sich an den Wünschen
ihres Partners auszurichten.

Eine Frau kann so selbstlos
liebend sein, dass sie glücklich
ist, immer zu geben, bis der
»Punktestand« wie beim Tennis
bei 30 zu 0 liegt. Nur weil sie mit
einem Lächeln gibt, bedeutet das
nicht, dass die Bilanz mehr oder
weniger ausgeglichen ist.

Eine Frau gibt, so viel sie kann, und
erst, wenn ihre Reserven erschöpft
sind, bemerkt sie, wie wenig sie
bekommen hat.

*Oft willigt eine Frau ein,
das zu tun, was ihr Partner
will, aber das entspricht nicht
unbedingt dem, was sie will.*

Sie achtet nicht auf ein
ausgeglichenes Geben und Nehmen,
sondern gibt großzügig und geht
davon aus, dass er das Gleiche tut.

Wenn eine Frau auf das
Gleichgewicht von Geben und
Nehmen achtet, sind ihr kleine
Dinge genauso wichtig wie
große. Eine einzelne Rose
erscheint ihr ebenso wertvoll
wie das rechtzeitige Bezahlen
der Miete.

Eine Frau hat manchmal das Gefühl:
»Wenn er mich wirklich liebt, dann
kennt er meine Bedürfnisse. Also
brauche ich sie ihm nicht
mitzuteilen.«

Sowohl Männer wie auch
Frauen sollten daran denken,
dass ihr Partner nicht immer von
sich aus weiß, was sie wollen.

Eine Frau mag es nicht, wenn ein
Mann vergisst, die Dinge zu
erledigen, um die sie ihn bittet. Sie
hat dann das Gefühl, um seine
Hilfe betteln zu müssen und ihm
auf die Nerven zu gehen.

Sie hat das Bedürfnis,
respektiert und beachtet zu
werden. Stattdessen empfindet
sie sich oft als vernachlässigt und
als unwichtigsten Punkt auf
seinem Tagesplan.

Seit 1996 gibt es das von Dr. John Gray gegründete Mars Venus Institut, Mill Valley, Kalifornien. Mehr als 200 speziell ausgebildete und persönlich autorisierte Trainer, die Facilitators, bieten in den USA und weltweit Workshops zu den Themen an, die in diesem Buch behandelt wurden und darüber hinaus zum gesamten »Mars-Venus-Ansatz« im Bereich der Kommunikation zwischen Mann und Frau.

In Deutschland erhalten Sie weitere Informationen über Themen, Termine, Orte und Kosten unter folgender Kontaktadresse

DEUTSCHLAND

Hans-Joachim von Malsen
Postfach 1525 · D-82178 Puchheim

Service-Telefon: 01805/225568
[01805/CALL MV]

http://www/MarsVenusDeutschland.com
e-mail: service@marsvenus.de

BESTSELLERAUTOREN VON

Mosaik bei GOLDMANN

IM SYMPATHISCHEN TASCHENFORMAT

16404

16400

16403

16405

16401

16402